Inhalt

Generikahersteller - Trotz erfolgreicher Patentklagen, massiver Preisdruck auf Originalpräparate

Generikahersteller - Trotz erfolgreicher Patentklagen, massiver Preisdruck auf Originalpräparate

Autor GENIOS BranchenWissen: A.Schneider

Kernthesen

- Als Generika bezeichnet man Medikamente, die bereits unter einem Markennamen auf dem Markt angebotene Arzneimittel wirkstoffgleich nachahmen.
- Die Nachahmermedikamente der Generikahersteller sind in der Regel deutlich preisgünstiger als die Originalpräparate der Markenhersteller.
- Deutschland ist der zweitgrößte

Generikamarkt weltweit und mit Sandoz/Hexal, Merck, ratiopharm und Stada sind vier deutsche Unternehmen unter den weltweiten Top Ten Anbietern.

- Pfizer hat Ende Dezember den Patentstreit um seinen Cholesterinsenker Lipitor gewonnen und behält den Patentschutz bis 2011, was von der Branche als richtungsweisend angesehen wird.
- In den kommenden Jahren läuft der Patentschutz für etliche umsatzstarke Medikamente ab und die Generikahersteller stehen in den Startlöchern.

Beitrag

Der Richterspruch ist gefällt! Der US-Pharmariese Pfizer gewinnt die Patentklage um seinen Cholesterinsenker Lipitor (Sortis) gegen den indischen Generikahersteller Ranbaxy und ein Fünftel des Unternehmensumsatzes ist gesichert. In den kommenden Jahren läuft allerdings der Patentschutz für etliche umsatzstarke Medikamente ab und die Generikahersteller stehen in den Startlöchern.

Generika setzen Originalpräparate

unter massiven Preisdruck

Zeit ist Geld auch im heiß umkämpften Medikamentenmarkt. Den größten Profit erwirtschaftet ein Generika-Anbieter als Pionier in den ersten sechs Monaten nach Markteintritt. Danach treten meist weitere Generika-Wettbewerber in den Markt ein und die Preise fallen weiter.

Als Generika bezeichnet man Medikamente, die ein bereits unter einem Markennamen auf dem Markt angebotenes Arzneimittel nachahmen. Das Nachahmen besteht darin, eine wirkstoffgleiche Kopie des Originalpräparats herzustellen, wobei Hilfsstoffe und Herstellungstechnologie anders sein können. Das Generikum kann von seiner Wirksamkeit her gegen dieselbe Krankheit eingesetzt werden wie das Originalpräparat.
Ein Beispiel für Generika sind Acetylsalicylsäure (ASS)-haltige Präparate. Der ursprünglich von der Bayer AG (Leverkusen) entwickelte und in verschiedenen Arzneiformulierungen unter dem Namen Aspirin® vertriebene Wirkstoff ist mittlerweile Bestandteil zahlreicher Generika wie z.B. ASS ratiopharm.
In der Regel sind Generika deutlich preisgünstiger als die Originalpräparate (bis zu einem Drittel!), weil die F&E-Kosten deutlich geringer sind. Die Originalpräparate werden in meist jahrelanger zeit-

und kostenintensiver Forschungs- und Entwicklungsarbeit entwickelt. Um sie in den ersten Jahren nach der Markteinführung vor Konkurrenz zu schützen, werden sie in der Regel mit einem Patentschutz belegt. Um die hohen F&E- und Marketingkosten zu amortisieren, sind die Preise meist sehr hoch. Nach Markteintritt eines Generikums bleibt dem Hersteller des Markenprodukts oft nichts anderes übrig, als seinen Preis deutlich zu senken.

Die Generikaindustrie arbeitet daran, die originären Arzneimittel weiterzuentwickeln und zu verbessern. Sie zielt beispielsweise auf bessere Verträglichkeit und schnelleren Wirkungseintritt, bessere Dosierbarkeit, leichtere Handhabung und verbesserte Verfahren und Prozesse in Produktion und Vertrieb.

Die Hersteller von Originalpräparaten und die Generika-Produzenten betrachten sich in der Regel als Konkurrenten. Die Ersteren sehen in den Generika-Anbietern größtenteils pure Nutznießer ihrer Forschungsarbeit und Billiganbieter. Die Letzteren beschuldigen die Markenhersteller, dass sie die Preise ungerechtfertigt lange hoch halten zu Lasten der Patienten und Krankenkassen. Allerdings bröckeln die Fronten allmählich, denn es gibt inzwischen auch forschende Pharmaunternehmen, die selbst Generika herstellen. (1)

Generikahersteller stehen vor Patentabläufen schon in den Startlöchern

Der Pharmaindustrie bläst ein zunehmend kräftiger Wind entgegen. Die Marktwachstumsraten sind schon in den vergangenen Jahren deutlich gesunken. Produktrückrufe der jüngsten Vergangenheit haben ihre Spuren hinterlassen: Das Image der Branche hat gelitten, und die Zulassungsbehörden prüfen neue Substanzen sehr genau und langwierig, bevor sie die Marktzulassung erteilen.
Und es wird noch stürmischer werden. Denn die Patentabläufe für etliche umsatzstarke Medikamente stehen bevor und die generischen Wettbewerber längst in den Startlöchern. Sie ziehen immer öfter vor Patentgerichte, um sich gegen die Markenhersteller eine Chance auf frühzeitigeren Markteintritt zu erkämpfen. Die Kunden werden auch künftig vermehrt auf die preiswerteren Nachahmerprodukte (Generika) umsteigen können. Umsatzeinbußen bei den bisher durch Patente geschützten Produkten sind die unweigerliche Folge. Und nicht alle Pharmaunternehmen haben gleichermaßen viel versprechende Nachfolgeprodukte aus der eigenen Forschung und Entwicklung in der Pipeline. Die kapitalkräftigen Pharmaunternehmen versuchen für

teilweise teures Geld die Rechte von Präparaten, die andere entwickeln oder entwickelt haben, zu erwerben. Doch nicht jedes Pharmaunternehmen hat eine ausreichend große Kriegskasse.

Schuss vor den Bug - Pfizer gewinnt Lipitor-Klage und behält Patentschutz bis 2011

Kein Wunder daher, dass das jüngste Urteil im Lipitor-Prozess zugunsten des weltgrößten Pharmaunternehmens Pfizer für Erleichterung und gute Jahresendstimmung in der Branche und an den Börsen sorgte.
Ein US-Bundesgericht im Bundesstaat Delaware hatte Ende Dezember die juristische Attacke auf zwei Patente für Atorvastatin, einen aktiven Wirkstoff des cholesterinsenkenden Medikaments Lipitor, abgewiesen und den Patentschutz für das Medikament bestätigt. Der Angreifer war das indische Pharmaunternehmen Ranbaxy Laboratories. Es wollte die Schutzrechte für Lipitor aufgehoben sehen und mit zwei billigeren Nachahmermitteln mit demselben Wirkstoff vor Ablauf des Patentschutzes auf den US-Markt gehen.
Doch Ranbaxy scheiterte am US-Gericht ebenso wie

zuvor bereits in Norwegen und Großbritannien. Nur in Österreich war ihm ein Teilerfolg beschieden: Der Schutz eines Patentes wurde hier für ungültig erklärt. Doch das wichtigere Patent blieb auch hier unangetastet. Der Patentschutz für Lipitor gilt nun weiter bis 2011. Bis dahin darf Ranbaxy nun kein Nachahmerpräparat zu Lipitor auf den Markt bringen. (2), (3)

Das cholesterinsenkende Arzneimittel Lipitor wird in Deutschland unter dem Namen Sortis verkauft. Es ist das derzeit erfolgreichste Medikament der Welt. Weltweit 11 Milliarden Dollar Jahresumsatz erlöst es für seinen Hersteller Pfizer, macht damit ein Fünftel des Gesamtumsatzes des Konzerns aus.

Diese Gerichtsentscheidung gibt den Generikaherstellern eindeutig einen weiteren Schuss vor den Bug. Bereits im April 2004 hatten drei Produzenten einen Patentstreit gegen den amerikanischen Pharmakonzern Eli Lilly verloren. Sie wollten ein Nachahmerprodukt für das Medikament Zyprexa zur Behandlung von Schizophrenie auf den Markt bringen. Eli Lilly erwirtschaftet mit Zyprexa, seiner wichtigsten Cash Cow, einen Jahresumsatz von rund 4,4 Milliarden Dollar. Die Generikahersteller werden sich wohl bis zum rechtmäßigen Ablauf der bestehenden Patente gedulden müssen, bevor sie dann weitere fremde Gefilde entern können. (4)

Vorteil Generika - Deutsches Gericht bestätigt Festbetragsregelung

In Deutschland bemüht sich die Regierung weiterhin um die Senkung der Kosten im Gesundheitswesen. Doch trotz aller Reformmaßnahmen zeichnet sich bisher kein durchschlagender Erfolg ab. Die Gesamtausgaben der Gesetzlichen Krankenkassen sind 2004 zwar gesunken und betrugen 131,1 Milliarden Euro. In den Kassenbeiträgen spiegelt sich dies nicht wieder. Sie liegen weitgehend unverändert bei durchschnittlich 14,3%. Vor allem die deutsche Festpreisregelung sorgt bei den Pharmaherstellern für Ärger. Das Gesetz zur Festpreisregelung trat Anfang 2004 in Kraft. Seither gruppieren der Bundesausschuss für Krankenkassen und Ärzte wirkungsgleiche Medikamente in Gruppen und legen einen Höchstbetrag fest. Bis zu diesem Festbetrag erstatten die Gesetzlichen Krankenkassen ihren Patienten die Kosten für ein Medikament. Wollen die Patienten ein teureres Arzneimittel, müssen sie den Differenzbetrag aus eigener Tasche bezahlen. Das wollen natürlich viele nicht und steigen daher auf ein günstigeres Nachahmermedikament um. Die

Pharmaunternehmen reagieren teils zähneknirschend und senken die Preise für ihre Originalmedikamente auf die Höhe des Festbetrags. Im Dezember haben die Pharmahersteller Pfizer und MSG Chibropharm ihre Klagen gegen diese Festbetragsregelung vor deutschen Gerichten verloren. Der Cholesterinsenker Sortis und der Blutdrucksenker Lorzaar bleiben weiterhin auf einen Festpreis gesetzt. (9)

Generikamarkt - Stürmische Zeiten, nicht nur in USA

Branchenexperten erwarten vor allem in den USA, dem weltgrößten Pharmamarkt, ein äußerst schwieriges Jahr für die Pharmaunternehmen. Die Gesundheitsausgaben machen in den USA rund 15% vom Bruttoinlandsprodukt aus. 2006 läuft der Markenschutz für Medikamente aus, die im vergangenen Jahr rund 20 Milliarden Dollar in die Kassen spülten.
Der amerikanische und weltweite Marktführer Pfizer ist nicht nur bei Lipitor unter Druck. In den nächsten drei Jahren wird das Unternehmen wohl ein Fünftel seines Umsatzes an Generika abgeben müssen. (5) Im November gewann Pfizer bereits Verfahren gegen Ranbaxy und gegen den israelischen Generikakonzern Teva. Dabei ging es um den

Blutdrucksenker Accupril, mit dem Pfizer 665 Millionen Dollar Jahresumsatz erwirtschaftet. Das US-Patent für sein Antibiotikum Zithromax ist bereits ausgelaufen, als nächstes folgt das Antidepressivum Zoloft mit einem US-Umsatz von 2,6 Mrd. Dollar (global 3,4 Mrd.). Ein Jahr später läuft der Markenschutz für den Blutdrucksenker Norvasc und das Allergie-Präparat Zyrtec aus. (3)
Betroffen sind auch andere Unternehmen wie beispielsweise der Cholesterinsenker Zocor von Merck & Co. mit einem US-Umsatz von 3 Mrd. Dollar (weltweit 5,2 Mrd.).
Die Markenhersteller stellen sich auf die veränderte Marktlage allmählich ein. Energische Kostensenkungsprogramme, Werksschließungen und Personalabbau werden angekündigt oder sind bereits im Gange. (6), (7)

Europa steht zwar derzeit etwas besser da, doch ganz windstill ist es auch hier für die großen Pharmaunternehmen nicht. So liegen etwa Bristol-Myers/Sanofi-Aventis in den USA im Patentstreit um das Blutverdünnungsmittel Plavix, AstraZeneca klagt um das Magenmittel Nexium und UCB SA um sein Antiepilektikum Keppra. Die Hersteller von Nachahmerprodukten segeln auch hier sehr erfolgreich durchs Arzneimittelmeer in den Apotheken. Die Gesundheitsausgaben betragen in Europa rund 6% vom Bruttoinlandsprodukt.

Deutschland ist der zweitgrößte Generikamarkt weltweit. Der deutsche Pharmamarkt belief sich 2004 auf insgesamt 20,5 Milliarden Euro Umsatz. Der Generikaumsatz lag bei insgesamt 5,2 Milliarden Euro (+3,5% gegenüber 2003). Damit verbuchten die Generika einen Umsatzanteil von knapp 26%. Die patentgeschützten Originale machten 32% des Marktes aus, patentfreie Originale 15% und sonstige Arzneimittel 27%. [Abb.1]
Mit Sandoz/Hexal, Merck, ratiopharm und Stada sind 4 deutsche Unternehmen auf der Liste der 10 größten Generikahersteller weltweit. Damit sind die deutschen Generikahersteller im internationalen Wettbewerb gut platziert.
Nach der GMG Novelle war einerseits ein Rückgang der Anzahl der Packungseinheiten (-6,4%) und andererseits ein Trend zu größeren Packungen zu beobachten. Die Verwendung von Generika trägt zu Einsparungen im deutschen Gesundheitssystem bei. Gemäß einer Studie des Verbandes Pro Generika und Accenture konnten 2004 ca. 2,8 Milliarden Euro durch die Substitution von patentfreien Originalen mit Generika eingespart werden. Hinzuzurechnen seien die Einsparungen, die dadurch erzielt werden, dass die Markenhersteller sich durch die Generikakonkurrenz veranlasst sehen, die Preise für ihre patentfreien Originalpräparate zu senken. In den nächsten drei Jahren laufen auch in Deutschland

weitere Patente auf originäre Markenmedikamente ab und geben sozusagen den Weg frei für Generika. (8)

Markenhersteller - Klagen bieten nur kurzfristig Sicherheit

Der Richterspruch aus Delaware sorgte für Aufwind an den Börsen. Der Aktienkurs von Pfizer legte um 12% zu. Der Healthcare-Branchenindex zog an und auch andere europäische Pharmaunternehmen wie Merck & Co., Schering-Plough, GlaxoSmithKline, AstraZeneca, Sanofi-Aventis, Novartis und Roche verzeichneten daraufhin Kursgewinne. Ranbaxy hingegen büßte weitere 6% ein. Doch Ranbaxy gibt sich zäh und will gegen das Urteil aus Delaware in Berufung gehen.

In der Branche stärkte das Urteil zumindest kurzfristig die Position der Markenhersteller, die immer häufiger vor Gericht von Generikaherstellern angegriffen werden. Doch die Markenhersteller dürfen sich nicht allzu lange in Sicherheit wiegen. Die Patente werden über kurz oder lang wegfallen und damit auch die Exklusivität am Markt, die bisher hohe Erlöse sicherte. Die Nachahmerprodukte werden kommen, sie werden günstiger sein und in kurzer Zeit zu einem Absatz- und Preisverfall des Originalprodukts führen. Die Markenhersteller, die ihre Strategie darauf nicht rechtzeitig und erfolgreich ausrichten, werden ganz erhebliche Umsatzeinbußen erleiden und im schlimmsten Falle kentern. (10)

Fallbeispiele

Top-Player am Markt

Die weltweit größten Generika-Anbieter sind Sandoz/Hexal, Teva und Merck Darmstadt [Abb.2]. Ebenfalls unter den Top 10 finden sich international die deutschen Hersteller ratiopharm und Stada. Im deutschen Markt haben Sandoz/Hexal und ratiopharm mit einem jeweiligen Jahresumsatz von über 1 Milliarde Euro die Nase vorn. Gut platziert ist auch Stada mit gut 400 Millionen Euro. [Abb.3]. Der indische Pfizer-Angreifer Ranbaxy liegt in den USA derzeit auf Rang acht.

Pfizer Inc., New York

Pfizer ist der weltgrößte Pharmakonzern mit einem Jahresumsatz 2004 in Höhe von 52,5 Milliarden Dollar (+17% gegenüber dem Vorjahr). Die Hauptumsatzträger sind die Produkte Lipitor (10,86 Mrd. $), Norvasc (4,46 Mrd. $), Zoloft (3,36 Mrd. $), Celebrex (3,30 Mrd.$) und Neurontin (2,72 Mrd. $). Im dritten Quartal 2005 erreichte der Konzern einen Umsatz von 12,189 Mrd. $. Vorstandschef ist Hank McKinnell. Weltweit beschäftigt das Unternehmen rund 120 000 Mitarbeiter.

Die weltweite Nr. 1 hat derzeit einige Herausforderungen zu meistern. Einige umsatzstarke Medikamente stehen vor dem Patentauslauf, die Erlöse beim wichtigsten Medikament Lipitor, einem Cholesterinsenker, stagnieren auf hohem Niveau, und die Umsätze des Epilepsie-Medikaments Neurontin sind 2005 wegen Ablauf des Patentschutzes um 80 Prozent gefallen.

Zentraler Standort der Pfizer-Gruppe in Deutschland ist Karlsruhe. 2004 wurde ein Umsatz in Höhe von 1,8 Mrd. EUR erwirtschaftet. Rund 5 200 Mitarbeiter waren beschäftigt. Der größte Geschäftsbereich ist Pharma (1,6 Mrd. EUR, 91,3%), gefolgt von Tiergesundheit (84 Mio. EUR, 4,7%), Consumer Health Care (58 Mio. EUR, 3,3%) und Diagnostik (11 Mio. EUR, 0,7%).

www.pfizer.com, www.pfizer.de. (11), (12)

Ranbaxy Laboratories Ltd.

Ranbaxy ist ein indisches Unternehmen, das seinen Schwerpunkt auf der Erforschung und Entwicklung generischer Arzneimittel hat. 2004 erwirtschaftete das Unternehmen einen weltweiten Umsatz in Höhe von 1,1 Mrd. US-$ (+21%). Nur rund ein Fünftel seines Umsatzes erlöst Ranbaxy in seinem Heimatland. Weltweit ist das Unternehmen in mehr als hundert Ländern unterwegs. Seinen Hauptumsatz macht der Generikahersteller in den USA (2004: 426 Mio. $). CEO & Managing Director ist Dr. Brian W. Tempest. In den ersten drei Quartalen 2005 erreichte das Unternehmen einen Umsatz von 147 Mio. $. Im dritten Quartal wurden 49 Mio. $ erlöst, davon 18 Mio. $ in Frankreich, 10 Mio. $ in Großbritannien und 89 Mio. $ in Deutschland. Ziel des Unternehmens ist es, bis 2012 zu den Top 5 Generikaherstellern der Welt zu zählen. www.ranbaxy.com

Zahlen & Fakten

Verteilung der Umsätze im deutschen Pharmamarkt 2004

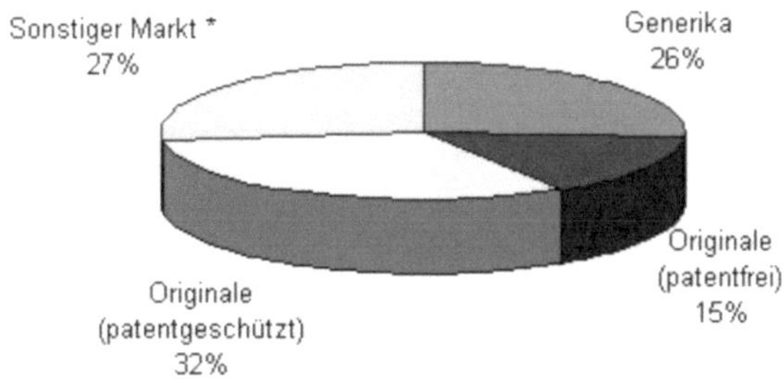

* Arzneimittel mit Wirkstoffen, die nicht patentgeschützt sind und die nicht zum generikafähigen Markt zählen

Quelle: NDC Health 2005, Accenture Analyse

Entnommen aus: Prof. Dr. Raab, Andrea, Fachhochschule Ingolstadt, Accenture, ProGenerika e.V., Die Bedeutung der Generikaindustrie für die Gesundheitsversorgung in Deutschland, Juni 2005

http://www.progenerika.de/downloads/990/filename

Umsätze im weltweiten Markt für Generika 2004

Hersteller	Umsatz in Milliarden Euro
Teva	3,9
Sandoz*	3,0
Merck Darmstadt	1,6
Hexal*	1,3
ratiopharm	1,3
Watson	1,0
Ivax	1,0
Barr	0,9
Mylan	0,9
Stada (incl. Aliud)	0,8

* Sandoz hat inzwischen Hexal gekauft

Quelle: Unternehmensangaben, Morgan Stanley, NDC Health, HAP

Entnommen aus: Süddeutsche Zeitung, 03.06.2005, S. 21

Umsätze im deutschen Markt für Generika 2004

Hersteller	Umsatz in Millionen Euro
ratiopharm	1.059
Hexal*	985
Stada (incl. Aliud)	408
Betapharm	161
CT-Arzneimittel	139
Sandoz*	128
Mundipharma	77
Neuraxpharm	70
Winthrop	67
Merck Dura	65

* Sandoz hat inzwischen Hexal gekauft

Quelle: Unternehmensangaben, Morgan Stanley, NDC Health, HAP

Entnommen aus: Süddeutsche Zeitung, 03.06.2005, S. 21

Weiterführende Literatur

(1) O.V., Generikum, www.wikipedia.org
aus HandelsZeitung vom 23.11.2005 Seite 27

(2) Pfizers Sieg im Patentstreit hilft Branche Pharma-Aktien legen nach Gerichtsurteil deutlich zu
aus Financial Times Deutschland vom 20.12.2005, Seite 10

(3) Pfizer siegt über Ranbaxy Blutdruckmittel Lipitor bleibt bis 2011 patentgeschützt - Konkurrenz erfreut
aus Börsen-Zeitung, 20.12.2005, Nummer 245, Seite 9

(4) Pharmakonzern Pfizer gewinnt Patentstreit um Lipitor
aus Frankfurter Allgemeine Zeitung, 19.12.2005, Nr. 295, S. 15

(5) Die Aussichten für Pfizer bleiben bewölkt BAA

Agricultural Bank of China das kapital
aus Financial Times Deutschland vom 20.12.2005, Seite 19

(6) Angegriffene Pharma
aus Börsen-Zeitung, 09.12.2005, Nummer 238, Seite 8

(7) US-Pharma von Patentabläufen gebremst Große Produkte verlieren 2006 den Marktschutz - Auch Änderungen bei Vergütungen abzusehen
aus Börsen-Zeitung, 29.11.2005, Nummer 230, Seite 9

(8) Prof. Dr. Raab, Andrea, Fachhochschule Ingolstadt, Accenture, ProGenerika e.V., Die Bedeutung der Generikaindustrie für die Gesundheitsversorgung in Deutschland, Juni 2005
aus Börsen-Zeitung, 29.11.2005, Nummer 230, Seite 9

(9) Festpreise sorgen für Aufruhr
aus Süddeutsche Zeitung, 29.11.2005, Ausgabe Deutschland, S. 22

(10) Pfizer gewinnt Streit um Bestseller US-Gericht bestätigt Pharmakonzern den Patentschutz für Milliardenbringer Lipitor
aus Financial Times Deutschland vom 19.12.2005, Seite 3

(11) Herauswurf eines Nestbeschmutzers
aus Frankfurter Allgemeine Zeitung, 05.12.2005, Nr. 283, S. 22

(12) Pfizer fühlt sich wieder besser an Starke

Kursverluste bieten günstige Einstiegschance · Pharmakonzern zahlt hohe Dividende · Einige Medikamente machen Sorge
aus Financial Times Deutschland vom 11.11.2005, Seite 24

Impressum

Generikahersteller - Trotz erfolgreicher Patentklagen, massiver Preisdruck auf Originalpräparate

Bibliografische Information der deutschen Nationalbibliothek

Die Deutsche Nationalbibliothek verzeichnet diese Publikation in der deutschen Nationalbibliografie; detaillierte bibliografische Daten sind im Internet über http://dnb.d-nb.de abrufbar.

ISBN: 978-3-7379-2728-4